맑은 하늘을 보니
눈물이 납니다

맑은 하늘을 보니 눈물이 납니다

2009년 4월 10일 초판 1쇄 인쇄
2009년 4월 21일 초판 1쇄 발행

글 최복현
펴낸이 이철규 / 펴낸곳 북스
편집 김순선 / 편집디자인 박근영 / 캘리그라피 캘리세상

편집부 02-336-7634 / 영업부 02-336-7613
FAX 02-336-7614 / 전자우편 vooxs2004@naver.com
등록번호 제 313-2004-00245호 / 등록일자 2004년 10월 18일

주소 서울특별시 광진구 자양4동 52-197번지 2층
값 8,500원
ISBN 978-89-91433-84-7 03810

잘못된 서적은 구입하신 서점에서 교환하여 드립니다.
이 책은 저작권법에 의해 보호를 받는 저작물이므로 불법 복제와
스캔 등 무단 전재 및 유포·공유를 금합니다.

최복현 지음

| 서문을 대신하는 글 |

삶은 사랑이다.

사랑은 삶이다.

사랑이 나를 여기에 있게 했고, 사랑이 나를 시를 쓰게 했고, 사랑이 나를 살게 했다. 사랑은 내가 살아가는 이유이며, 사랑은 내 삶의 목적이다.

어떤 형태로든, 어떤 모습으로든 나는 존재한다. 나는 사랑하고 있고, 사랑받고 있기 때문이다. 아무리 부인해도 무엇에 대한 사랑이 없다면, 누군가에 대한 사랑이 없다면 살아갈 수 없다.

삶에 대한 사랑, 사람에 대한 사랑, 일에 대한 사랑, 사랑이다. 유치한 것 같아도 어떤 모습의 사랑이든 사랑이 있어서 우리는 삶을 영위해 간다.

익숙해지고 정들었던 장소에 대한 그리움이 있다면, 그리움 속에 담겨진 작은 사랑을 우리는 향수라 부른다.

어쩌다 마주쳐서 이야기를 나누고, 서로가 작게라도 마음에 기억하고 있다면, 그랬다가 어느 날 우연히 기억나는 사람이 있다면, 지금 잠시라도 떨어져 있어도 보고 싶은 마음이 있는 마음에 둔 사람이 있다면 그것을 사랑이라 부른다.

기억, 추억, 보고픔, 그리움, 설렘, 익숙함, 정듦, 다정함, 정겨움, 우리의 마음을 두드려대는 이 단어들 속에 담겨 있는 사람들이 있다면 우리는 사랑하고 있는 것이다.

　사랑은 삶 그 자체이다. 이 시에 나는 내 삶을 담는다. 내 사랑을 담는다. 사람을 사랑하고, 삶을 사랑하고, 일을 사랑하는 내 마음을 담는다. 내 마음에는 영원히 떠난 아버지도 살고 있고, 다시 볼 수 없는 사람들도 담겨 있고, 고향도 담겨 있고, 자연도 담겨 있고, 삶도 담겨 있다. 내가 살아있기에 내 마음에 담겨 있는 그 모두를, 내가 살아있어서 만날 수 있는 그 모두를 나는 사랑이라 부른다.

　해맑은 하늘을 바라본다. 이 모양 저 모양 내가 심어두었던 추억을 싣고 있던 구름들, 내 그리움이 담겨 있고 숨어 있을 것 같았던 구름들이 하나둘 사라져 숨고 텅 비어버린 맑은 하늘을 보면 눈물이 난다. 눈이 부시도록 하늘은 파랗고 말이 없다.

　마지막으로 이 시대를 함께 살아가며 시를 사랑하는 이들에게 고마움을 전하고 싶다. 부족하고 보잘 것 없는 시집이지만 사랑으로 이 시집을 읽어줄 독자들에게 우선 감사드린다. 이 시집을 내기까지 물심양면으로 도와준 북스 출판사 사장님을 비롯한 출판사 구성원 모두에게 감사드린다.

　이 세상 어느 곳이나 시처럼 아름다운 공간이 되었으면 좋겠다.

| 차 례 |

1
추억의 한 페이지를 들추며

풍경 소리 12 / 별 바라기의 사랑노래 14 / 내 안의 그대 15 / 코스모스 16 / 마음속에 감춰두고 사랑해야 하는 사람 17 / 이슬 젖은 풀잎을 보며 18 / 향수 19 / 어린 새 20 / 깃발 21 / 맑은 하늘을 보니 눈물이 납니다 22 / 고향 30 / 아침 이슬 37 / 술 38 / 비 오는 날의 이사 40 / 밤바람 41 / 내 조카 42 / 저만큼 가버린 날 44 / 꿈 46 / 아가의 눈물 47 / 젊은 우리는 48

신선한 충격으로 내 마음으로 들어온 너 56 / 이 사랑 58 / 사랑일까 59 / 사랑이 무엇인지는 몰라도 60 / 아름답게 사랑하고 싶다 61 / 문득 네 생각에 62 / 축복받은 사랑 64 / 바다를 닮은 사람을 만나고 싶다 65 / 그 사람이 너였으면 66 / 사랑소리 68 / 귀여운 여자 70 / 너만 곁에 있으면 71 / 사랑앓이 72 / 사랑한다는 말은 감추고 살자 74 / 먼 훗날 76 / 너와 나의 사랑 77 / 물망초 79 / 나의 모나리자 80 / 널 사랑하는 마음 81 / 너의 마음을 내게 준다면 82

2
작은 설렘으로 사랑을
시작하는 사람들을 위하여

3
사랑하며 살아가는 사람들을 위하여

소중한 사람 88 / 사랑의 길 89 / 얄미운 사람 90 / 당신을 알고 싶은 마음뿐 91 / 사랑의 수선 92 / 너와 함께 93 / 네잎 클로버 95 / 너의 슬픔을 보면 96 / 유월에 내리는 비 97 / 맑은 바람으로 살고 싶다 98 / 국화 100 / 장미를 사랑하는 법 101 / 내가 당신을 사랑하는 이유 102 / 너는 내 사랑 103 / 너의 이름 104 / 너와 나의 평행선 105 / 이것이 사랑이라면 106 / 너를 향한 나의 노래 108 / 말은 없어도 110 / 아름다운 사람 112 / 깊을수록 사랑은 113

사랑니 116 / 이별 다짐 117 / 짧은 만남 긴 이별 118 / 사랑은 작은 미움입니다 120 / 비 오는 아침 122 / 그리움 1 123 / 노을에 비친 그리움 124 / 촛불 126 / 너의 빨간 목도리 127 / 겨울 숲의 노래 128 / 비 오는 날의 연가 130 / 그리움 2 131 / 비와 그리움 사이 132 / 비를 맞으며 134 / 겨울바다 136 / 노을 137 / 비 갠 아침 138 / 삶 140 / 그리움 3 143 / 슬퍼하지 말아요 144

4
이별에 아파하는
사람들을 위하여

1
추억의 한 페이지를 들추며

삶이 힘겨운 날엔 지난날을 돌아본다. 지난날들을 돌아보면 그때가 지금보다 훨씬 행복했고 즐거웠고 좋았던 것 같다. 곰곰이 지난 일들을 떠올려본다. 기억나는 일들이 참 곱다. 그 날 그 시절로 돌아가고 싶다. 지난날의 기억들은 아름답다. 그래서 지난 일들을 작은 기억 속에 담아둔다. 기억들의 아름다운 모습들을 추억이라 부른다.

추억은 아름답지만 아름다워 보일 뿐이다. 다시 돌아갈 수 없는 날들이어서, 다시 되풀이할 수 없는 날들이어서 추억을 끄집어내며 살아간다.

추억의 한 페이지를 들추고 싶은 이들에게 이 시들을 바칩니다.

풍경 소리

너는 노래할 줄 안다.
파란 하늘 가득
그리움을 안고도
속으로만 삼키는 노래를

너는 노래하고 싶어한다.
처마 끝에 아슬아슬 매달려
애간장을 태우며
애련한 그리움을

너는 노래하고 싶다.
속울음으로 모자라
몸으로 부딪치며 부르는
슬프고도 투명한
하늘 닮은 노래를

너는 안다.
바람이 불러주는 줄 알았던 그 노래가
네 몸끼리 부딪치고
네 마음끼리 아파서
네 몸으로 불렀던

그리움의 노래였음을

별 바라기의 사랑노래

안개비가 내리는 날 밤이면
누군가가 보고 싶어요.
나는 시골아이였지요.
외로운 밤이면 별을 봤지요.

안개비가 내리는 날 밤이면
별마저 볼 수 없지요.
왠지 울적한 마음으로 밤하늘을 바라보면
문득문득 그리움이 살아와요.

하얀 달밤
차갑게 식어버린 별밤
찬바람 부는 언덕 위에
한들거리는 억새 이삭의 귀여운 율동

나는 그리움을 부릅니다.
첫사랑 소녀의 모습을 다시 그립니다.
지울 수 없는 마음 한가운데에

내 안의 그대

물이든
산이든

바람은
거침없이 길을 가는데
바람 따라 한없이
그리움은 커져도
그대 멀리 있어 볼 수 없으니

그리운 마음 누를 수 없으면
차라리 눈을 감지.

눈 감으면 어느새
내 눈 안에 들어와
내 마음 가득 차오르는 그대
그대 그리운 내 사람이여.

코스모스

초록빛 향기 지나간 거리
여기저기 잎사귀들이 가을을 노래하며
별빛을 타고 흩어지는 계절 끝에
애련한 모습의 소녀 되어
가냘픈 허리로 하늘거리며 그리움의 세월을 센다.

보라색 흰색 꽃단장으로
다소곳이 머리 숙이고
뽀얀 먼지 이는 길가에 선 채
지나는 버스마다에 절레절레 도리질하며
행여 오실 님을 찾는다.

하늘로는 비행기 날고
땅 위로는 고속도로가 훤히 트여
온 지구촌이 이웃인데

늘 청순한 매무새로
부끄럼의 불을 태우며
손가락 발가락 셈으로도 다함이 없는
긴 지루함의 기다림의 날들을 센다.

마음속에 감춰두고 사랑해야 하는 사람

그리워 그리운 마음
가슴에 묻고
잊히지 않아 서러우면
추억이니 아름답다고
마음 달래고

그래도 잊히지 않으면
자연을 벗 삼아
산책을 나서지.

네가 그리움이면
자연은 아름다움인데
떠난 네가 미우면
자연마저 침울하고

그래도 못 잊을 사람
가슴에 묻고
마음속에 감춰두고
사랑해야 하는 사람
너

이슬 젖은 풀잎을 보며

바람이 불면 바람이 부는 대로
그렇게 흔들려서
곱게 맺힌 이슬방울
다 떨어뜨려 놓고

이별을 아파하며
지난 일들을 후회도 해보지만

또 바람이 불면
또 부는 대로

오는 임을 뿌리치고
다른 임을 맞이해
행복하려 해보지만

다시 시작할 수 없으니
지난 세월 탓할 수 없으니
눈물지을 수밖에

향수

유난히 별빛 곱게 내리는 밤이면
떠나온 고향을 그리워한다.

해님이 쏟아놓은 노을이 곱게 물드는 저녁때면
버들 꼴 짊어진 아버지의 지게에서
풍기는 버들향이 미치게 그리워진다.

하늘에 고추잠자리의 일없는 왕래
하얀 초가지붕 위에 해맑은 달빛이 멎고
질 화롯가엔 군고구마 냄새 맡는 아이
그 곳으로 돌아가고 싶다.

하얀 눈이 내리는 때이거나
가로수 나뭇잎이 하나둘 날릴 때면
우리네 마음엔 늘 못 잊는 고향이
더욱 그리워진다.

어린 새

겨우 날 수 있을 작은 날개로
사랑을 너무 일찍 배워서
그저 파닥이는 여린 가슴으로
주체 못하는 그리움을 앓는다.

나이를 헛먹어서 여린 새로 남아
이제야 사춘기를 앓는 소년이 되어
너를 알고 사랑을 알고
너를 향한 투박한 그리움으로
핑하니 눈가에 이슬 맺히면

작고
예쁜
내 마음의 떨림을 너에게 보낸다.

깃발

무엇이 그토록 그리워서
무엇이 그토록 못 잊혀서
깊이 뿌리박힌 기둥 끝에 달린 채
몸부림치는
너

바람이 불면
그 부는 대로
몸부림치고 뿌리쳐보지만
결코 벗어나지 못하는
너

오늘도 빛바랜 그리움으로
슬픔에 잠긴 채
옛일을 아파하는 너는
언제나 사랑하는 이의 가슴에서
평안을 누릴 것이냐.

맑은 하늘을 보니 눈물이 납니다

1
서글픔으로 다가와서
한 줄기 그리움으로 남아
차마 못 잊을 추억 하나

추억이 그토록 아름다운 건
다시는 만날 수 없음
다시는 되풀이될 수 없음
그래서 추억은 아름다움입니다.

사색을 가져다주는 계절의 모퉁이
이따금 스치는 가느다란 바람결에
갓 설레는 열일곱 소녀가 옷을 벗듯이
노란 은행잎이 부끄러이 살풋살풋
파란 하늘 배경 삼아 재주를 부립니다.

2
온통 창자가 뒤틀리듯이
가파지르는 아픔을 가져보지 않은 이는,
온통 머리가 빠개지듯이
터질 듯한 골머리를 앓아보지 않은 이는

아프지 않은 상태의 편안함을 모르듯
진정 괴로움을 느끼지 못했던 이들은
괴로움의 진실을 모르듯

너무도 사랑했었음으로
잊히지 않는 그리움의 아픔을 모릅니다.

3
말을 주며
말을 건네받으며
잘도 모여서 사는 사람들의 세상

실오리들이 모여 잘도 짜깁기 되어
털 스웨터처럼 잘도 어울려 사는
사람들의 세상

어디엔가 묻혀서
다시는 볼 수 없는 한 사람
한 줄 한 줄 따라가 보면
어디엔가 꼭 있을 그리움의 사람

살아가는 일로
또 다시 누군가를 사랑하는 일로
그리워하는 일을 잊은 척 살아갑니다.

4
어차피 오늘을 삽니다.
어제는 더 이상 나의 것이 아니므로
내일 또한 나의 것이 아닌
의식 속에 존재하는 하나의 감상일 뿐이므로

지금은 오늘뿐
그 이상은 나의 것이 아니므로
그리움이라든가
추억이라든가
희망이라든가
그건 하나의 아름다운 단어가 아니렵니까.

지금 나는
어제의 너를 사랑하지 않으렵니다.
내일의 너를 사랑하지 않으렵니다.

지금 나는
지금의 너만을 사랑하렵니다.

5
어떤 모습으로든
오늘을 사는 우리네인 이상
아린 어제의 얘기를 가슴에 묻은 채 삽니다.

추억이라 하기엔
너무 아린 그리움의 전설
까마득한 옛이야기로 남겨두려면
문득문득 가슴을 두들기며
못내 그립게 하는 어여쁜 추억

고픈 배를 채우는 일로
갈급한 무지를
지식으로 바꾸는 일로
순간순간 잊고 살지만
우리에겐 늘 연연함의
예쁜 그리움이 남습니다.

6
경복궁 담벼락 따라
가느다란 바람을 등에 지고 걸으면
빨간 담쟁이 잎들이
그리움의 뿌리를 불러줍니다.

사색에 잠겨
차가운 보도 위에 떨어진 채로
이슬 묻은 노란 은행잎들을 보면
콧등이 시큰해지는
추억의 환영들이 후드득 밀려옵니다.

흙 묻은 손으로
눈물을 훔치는 아이처럼
눈가에 이슬을 손으로 지우며
하늘을 보니
구름 한 점 없는 빈 하늘

하늘이 비어갈수록
온통 파랗게 비어갈수록
그토록 깨져버릴 듯한
맑은 하늘을 보니 눈물이 납니다.

7
누가 님인가요
잊히지 않으면 님입니다.

누가 님인가요
보이지 않으면 님입니다.

누가 님이란 말인가요
만날 수 없으면 님입니다.

님이란 뭔가요
그래서 설운 게 님입니다.

8
다시는 이 모습 이대로
볼 수 없는 님입니다.

그러나 문득문득
갑자기 나타날 듯한
그래서 님입니다.

9
다시 만나지 않으렵니다.
나는 나대로
멀면 멀수록
더 멀게 살아감이 좋으렵니다.

그렇게 길게
아니 영원히
소녀의 모습으로 기억한 채
재회의 슬픔 없이

아름다운 추억으로 간직하며
사는 것이 좋으렵니다.

10
가을이 다가와서
구슬픈 소리를 들려주면
아리게 살아나는 그리움으로
멀리 멀리로 하늘을 보면
곱게 수 놓였던

추억들이 뭉게뭉게
먼 산 너머로
먼 산 너머로
사라져 숨고

저 홀로 비어가는 하늘
혼자만 혼자되어 비어가는 하늘
하늘이 너무 맑아 눈물이 납니다.

고향

1
풀잎 하나하나에 맺힌
해맑은 이슬마다에도
너와 나의 사연은 쌓여 있다.

내 발끝 머물렀던 곳에
항상 너는 있었고
내가 호흡하는 곳에
너는 나와 함께 존재했었다.

2
알 수 없는 힘에 밀려서
질투하는 사랑의 신에 의해
우리는 이렇게 헤어졌구나.

다시는 느낄 수 없을까
온몸으로 전해져왔던
너의 체온을

다시는 볼 수 없을까
발끝에서 머리끝까지

마냥 곱기만 하고
사랑스러웠던
너의 모습을

이제는 그리움의 대상으로
남아 있는 정겨운
너의 모습을

3
여기
그리고
오늘

희뿌연 유양의 땅엔
비가 내린다.

몸에서 멀어지면
마음에서 멀어진다고
말들은 잘도 하드만

몸에서 멀면 멀수록
마음으로 사무치는
그리움

오늘도 그립다.
네가 그립다.

4
어차피 헤어진 인연이면
잊고 사는 것이 행복이라고

잊을 바엔 차라리
마음에서도 지우는 것이라고
말들 하드만

너와 나의 사이엔 없나보다
망각의 강이

여기 낯선 빌딩 숲 위에
비가 내리듯
젖과 꿀이 흐르는 가나안 땅만큼이나
비옥하고 생산력 있는
너의 그 몸 위에도 비가 내릴까

5
오늘도 내 마음엔 들린다.
언덕 위의 교회당에서
감미롭게 사랑스런 속삭임으로
아침을 재촉하는 너의 부름

오늘도 나는 본다.
굽이굽이 물길마다 어려 있는
너를

6
오가는 길섶
이끼 낀 바위
담쟁이 얽힌 바위

너와 내가 함께 했던 모습 하나하나
오늘도 나는 본다.
너와의 지난날의 모든 모습들을

내가 떠났든지
아니면 네가 떠났든지
너와 나는 서로에게
영원한 의미

가고자 하면
한달음에
네게 갈 수 있을 법한데
이 땅엔 삶의 끈이 설레설레 얽혀 있으니
그리 쉽게 떠나지도 못해라.

7
오늘 나는 가고 싶다
너의 곁으로

내가 걷던 그 길 위에
내가 느끼고 숨쉬고
사랑했던 너의 그 길 위로
지금은 누군가
나를 대신하여 서 있을
그 자리
그 언덕에

모두가 너를 버리고
꿈 찾아 희망 찾아 떠났다지만
오늘도 누군가
나를 대신해
너를 지켜주고 있겠지.

그도 아니면
모두 다 너를 잊고
죽은 너로 생각하든지
오늘은 내가 주인 되어 너를 걸구고 싶다.

8
오늘도 이 유형의 땅
하늘에는 별 한 점 없고
인공으로 조작된 불빛들만이
나를 부추겨
내 발자국들을 흔들어대며
불야성을 이루지만
나는 네게 갈 수가 없다.

그렇다고 너 또한
내게 올 수가 없으니
오늘밤 솟는 그리움은
가슴에 묻고 사는 수밖에

9
이제 밤이 깊어
이제 밤이 깊어

너와 나 사이에

인의 장막이 걷혀지고
꿈길로나 달려갈 수 있다면

너의 품에 안겨
네가 나인 듯
내가 너인 듯
부둥켜나 안고
오늘 못한 인연
영원의 꿈으로 천년을 살자.

아침 이슬

어허! 6월의 햇살 사이로
휘휘 드리워진 수양버들 잎 새에 맺힌
이슬방울
보석처럼 빛난다.

어허!
밤새 해맑은 눈동자로 태어나
6월의 햇살을 느끼는
아침 이슬은 풋풋한 열아홉
처녀의 순결

어허!
누가 씻어주지도 않았으나
그냥 맑게 태어난 동정녀의 비밀
아침을 노래하는 까치의 은방울 구르는
음조에 실려
햇살의 나라로 간다.

술

때로는 먹고 사는 일은 털어버리고
훌쩍 여행을 떠날 줄도 알아야지.
머릿속이 송곳으로 쑤셔지는 듯 아픈 일도
때로는 망각할 줄도 알아야지.

그리하여 어느 날
달이 차면 기울고
기운 달을 메우며
새로 움트는 씨알이 있음도 알아야지.

한낮의 작열하는 빛살 받아
최면으로 취해버린 기쁨도
한밤에 소나기처럼 쏟아져 내리는 고요도
많이 되풀이 될 수 있는
그리 긴 시간의 인생이 아니라는 것도 알아야지.

숱한 의문만 던져놓고
불가사의한 수수께끼들 위에
물음표만 매달아 놓은 채 떠나야만 하는
곰곰이 생각하면 허무맹랑한 세상

맛있게 놀고
멋있게 먹으며 살고프다.
기쁨을 주체 못하며 잔을 부대끼며
탄성을 외치고 싶은데
취해보면 서글퍼져 눈물만 난다.

씁쓰레한 인생이란 길목
사람과 사람 사이에 부딪쳐 튕겨나는 마찰음

슬픔을 주체 못해 숨을 토하면
슬프든지 기쁘든지 콧노래가 흘러나온다.

이 일로 저 일로 술잔에 매달린 삶이다.
그렇게 몽롱하게 가다보면
결국 인생은 물음표만 쌓인다.

비 오는 날의 이사

집이 없는 이는 비 오는 일요일에도
이사를 합니다.
정든 곳을 옮기는 일이
그리 기쁜 일은 아닙니다.

설사 더 나은 곳으로 간다 해도
정보다 더 마음 훈훈한 것은 없습니다.

그러나 내 집이 없는 이는
짐을 싸야 합니다.

보잘 것 없다손 해도
세상에서 나를 가장 흐뭇하게 하는 것은
내 손때 묻은 내 생활의 잔재들입니다.

밤바람

하늘을 여행하는 구름 사이로
언뜻언뜻 보이는 파룸한 별들이
졸고 있는 밤
코끝을 스치고 지나가는 바람이 좋다.

내 머리칼을 쓰다듬어주며
울음 북받치는 마음을 보듬어주며
봄날 저녁에 머무는 바람이 있다.

찾으려 하면 보이지 않고
만지려 하면 만져지지 않지만
얼굴을 어루만져주며
살폿살폿 지나가는 바람이 좋다.

이렇게 도심으로 부는 바람에
어느새 난 너의 맛을 느낀다.
나만이 느낄 수 있는
고향의 맛을

내 조카

1
아직 내 조카는
말을 하지 못합니다.

아직 내 조카는
슬픔을 모릅니다.

내 조카는 배가 고프면
울먹울먹 소리를 냅니다.

눈가에는 눈물이 그렁하게 고이고
그냥 한 가지 소리만 되풀이합니다.

아직 내 조카는 말을 할 줄 모릅니다.
그러나 엄마는 아가의 말을 압니다.

해죽해죽 입술의 움직임에서
순수한 기쁨을 알고
울먹울먹 눈에 고인 맑은 눈물에서
배고픔의 말을 듣습니다.

이보다 더 예쁜 말이 어디 있을 라고요.
이보다 더 맑은 눈물이 어디 있을 라고요.

아직 내 조카는
말을 할 줄 모릅니다.
그러나 울음으로 말하는 그 말보다
더 깨끗한 말이 어디 있을 라고요.

2
아직 내 조카는 뭘 몰라요.
그래도 나는 그의 모두를 믿어요.
울먹이며 눈가에 가득 고인
한 점의 티도 없는 눈물을 보면
가슴에 와 닿아 색칠된 내가 미워서 정말로 울고 싶어요.

왜 나는 못하죠.
아직 때 묻지 않은 내 조카의 해죽이는
웃음을 보면
난 억지로 만들어 웃는
내 웃음이 미워져서 괜히 슬퍼지는걸요.

저만큼 가버린 날

마냥 풋풋한 감정으로 내게 주어진
수천수만의 날을 헤아리고 싶었지.

물모래가 훤히 들여다보이는
맑디맑은 냇물 속에 송사리 떼 쫓던
천사의 마음으로
예쁜 날들로 엮고 싶었지.

가녀린 별 잎들이 주렁주렁 달린
곱고 맑은 하늘 아래서
졸졸졸 냇물 소리에 어울리는 노래를 읊으며
바윗돌에 마주 앉아 별밤을 엮으며
속사랑 하던 날들

그런 예쁘고 순수하고 곱상한 날들로
나의 생을 살고만 싶었지.

별밤보다 더 고운 마음으로
시냇물의 노랫소리보다 더 즐거운 삶으로
수천의 날들을 수놓고 싶었지.

꿈

나 어릴 적엔
되고 싶은 것도 많았지.
될 일도 많았지.

오는 날 셈하며
가버린 날 후회하며
지금 확실한 것은
나는 이미 어른이 되어 있지.

나 어릴 적엔
꿈도 깊었지.
생각만 해도
가슴 뛰었지.

아는 듯
모르는 듯
레테의 강기슭을 오르내리며
지금 확실한 것은
한 아이의 아빠 되었지.

아가의 눈물

엄마가 보고 싶으면
아가는 울었습니다.

밤이 지루하면
풀잎은 울었습니다.

울고 싶어서
풀잎은 울고

떼 부리느라
아가는 웁니다.

풀잎에 맺힌 이슬에서
아름다운 사랑의 말을 읽고
그렁하게 고인
아가의 눈물에서 진실을 본 날은
때 묻은 눈물만 간직한
내가 미워서 조금은 씁쓸해집니다.

젊은 우리는

우리! 언제부터 우리는
근심의 씨알을 가슴에 묻고 살아왔을까.

나는 모릅니다.
세 살 적엔가 희미하고 자그만 기억이
시작되었다는 거밖에……

삶에 부딪치며 사는 우리는
생활에 변화가 온다고 해서
시간에 변화가 있다고 해서
마음마저 변해가야 합니까.

한 슬픔의 씨알이 꺼지면
또 한 슬픔의 씨알을 가슴에 묻고
그저 우리네 삶은 근심과 슬픔의 연속입니다.

아기 적엔 엄마가 도망갈세라
저고리 고름 움켜쥐고 잠들고
어려서는 구슬치기하다 잃고
슬픔을 심습니다.

욕심이 시작되고
삶이 시작되면 우리는
또 돈에 시달리며
대학입시에 시달리는 근심의 연속입니다.

배우자를 선택해야 하는 고민
만남과 헤어짐의 길목에서
우리는 엄마 떠나 팔려온 강아지의 첫날밤보다
얼마나의 더 아픈 울음을 울어야 합니까.

우리는 늘 근심의 봇짐을 지고 살지요.
부모가 되면 늘 자식 걱정
늙으니 소외되는 외로움과 회의!
그저 우리는 슬픔의 잔을 채워들고
꾀죄죄한 후회와 번민의 봇짐을 지고 가는
나그네는 아닐는지요.

우리는!
젊은 우리는
스스로 설 수 있어야 하고 뛸 수 있어야 합니다.

우리는!
스스로 쉼의 안식처를 찾아가야 합니다.

남에 대한 친절,
부모께 드리는 효도,
어떤 선한 일도, 악한 일도,
남을 속이는 일,
만남의 쪼가리마저도 다 자신을 위한 것
실상은 혼자서 가는 혼자만의 길입니다.

그런 우리는 무엇을 느끼며 삽니까.
좁쌀개미 한 마리가 낑낑대며
죽은 벌레를 끌고 가는 모습에서
어떤 진리를 발견할 수 있습니까!

바스락거리며 흩어지는 나뭇잎
그렇게 가는 가을에서
우리는 의미 있는 사색을 간직할 수 있습니까.

하얀 눈 내리는 겨울날
빨간 우체통 앞에 선 소녀의 눈빛에서
우리는 얼마치의 애틋한 행복을 느낍니까.

헤어짐이 많아 눈물 많은 우리는

하얀 눈을 맞으며 무엇을 얘기하며
하얀 눈을 뭉치며 무엇을 고백하며
하얀 눈을 맞으며 얼마나의
착한 기억을 되살릴 수 있으럽니까.

더러운 곳에는 하루살이들이 모이고
초상집에는 애곡소리와 눈물이 범벅되고
혼인집에는 멋진 음식 내음과
니나노 노랫소리 넘치는
천태만상의 삶의 소용돌이 속에
우리는 어떤 삶의 방식으로
세상 얼음판 위로 기어가고 있을까요.

슬픔에 지친 사람들이 생을 포기하고
험상궂은 아이가 칼을 들고 위협하며
돈 몇 푼 구걸하는 어둠의 마을

승리한 이
합격한 이
웃는 이들의 헤벌어진 입 속에 드러난
이빨 사이에 낀 고춧가루 한 잎에서
우리는 어떤 갈등을 가질 수 있나요.

모두가 순간입니다.

누구나 아기였고 소년이었고
우리와 같은 젊은이들이었습니다.

모두가 그렇게 삽니다.
팔이 하나인 이는 하나인 채
다리가 불구인 이는 목발에 의지한 채로 살 뿐입니다.

사는 건가
꿈인가
어떤 의미로 우리는 살고 있습니까.
봄에 피는 꽃에서 우리는 어떤 소망을 발견하며
혼례를 마치고 나란히 퇴장하는
신랑신부의 모습에서
우리는 어떤 삶의 걸음마를 배워야 합니까.

우리는
젊은 우리는
세상은 근심이기에 우리는
웃음을 터뜨리며 살아야 합니다.

세상이 차갑게 식어갈수록
우리는 뜨겁게 사랑해야 합니다.
세상이 각박해지고 어둠이 밀려들수록
젊은 우리는

더욱 밝은 미래의 비전을 간직해야 합니다.

정의가 시들고
거짓과 가짜의 악의 세력이 커질수록
우리는 의의그루터기를 안고
정의와 선의 나무를 무성하게 키워야만 합니다.

젊은 우리는
불의한 것
모난 것
더러운 것
부정적인 것
어둠의 만물을 물리치고
아름답고 밝은 세상을 만들어야 합니다.

2
작은 설렘으로 사랑을
시작하는 사람들을 위하여

안개비가 내리는 날이거나 날씨가 여느 날과 다른 날이면 분위기에 젖어 사람들을 생각한다. 나에게 고운 이미지를 주고 떠난 사람도 있고, 지금도 가까운 곳에서 나를 설레게 하고, 그리움에 잠기게 하는 사람도 있다.

누군가를 그리워한다는 것, 누군가를 보면 마음이 설렌다는 것, 그것은 살아있음의 발로이며, 마음이 젊다는 의미이리라. 살아가는 우리는 그리움을 사랑한다. 설렘을 사랑한다. 사람을 사랑한다. 이 작은 그리움들, 작은 설렘들이 모여 아름다운 사랑의 한 페이지를 장식한다.

사랑의 어여쁜 씨를 심고 싶어하는 연인들에게 이 시들을 바칩니다.

신선한 충격으로 내 마음으로 들어온 너

어떤 우연이었을까
너와의 만남
전혀 만날 이유가 없었으면서
오전 내내 비가 내리다 활짝 갠 저녁나절처럼
신선한 충격으로
내 마음으로 들어온 너

그 순간 이후
무의미하던 너의 모두가 유의미로,
우연을 인연으로 바꾸며 다가오더니
너는 내 허전한 빈 마음을 온통 채우고 말았다.

떨어져 있는 시간들,
그 순간순간마다
너를 향한 그리움은 커져만 가고
보고픈 마음은 이상한 불안처럼 나를 휘감는다.

언제고 언제까지고,
이 고운 인연 이어가고 싶은 마음
늘 좋은 생각만 하고
늘 좋은 것만 주고 싶은 이 마음

그리워하다

그리워하다

보고파하다

보고파하다

너를 만나는 순간

알 수 없는 묘한 떨림으로

울컥 울어버릴 것 같은 이 기분

너무 기뻐 먹먹해지는 이 가슴은

너를 향한 내 사랑의 깊이라는 것을 나는 안다.

이 사랑

가을 하늘처럼
맑고
깨어질 듯
투명함으로
심오한 울림으로 찾아온
이 사랑

사랑할 수 없어서
사랑해선 안 되는 사람이어서
깨어지기 더 쉬운 사랑이지만
그래도 영원히 사랑해야 하는
이 사랑

내 마음속에 감춰두고
잘 가꾸어 살면 이 사랑은
영원히 내 마음에 남아 있을
이 사랑

사랑일까

비 내린 다음날
아침 햇살은
너의 맑은 눈동자를 닮았다.

너의 맑은 두 눈은 호수를 닮았고
너의 맑은 호수에 잠겨 꿈꾸고 싶다.
천년보다 긴 꿈을

이 아침 문득 너의 생각에
쨍하고 깨져버릴 것 같은
그래서 울음이 솟구칠 것만 같은
내 마음,
이것이 사랑일까

사랑이 무엇인지는 몰라도

여직 한번도
내 마음을 본 적이 없어요.
그러나 알아요.
내 마음속에 당신이 있음을

여직 한번도
사랑을 본 적이 없어요.
그러나 알아요.
당신을 사랑하고 있음을

사랑이 뭔지는 몰라요.
방법도 뜻도 몰라요.
그래도 당신의 모든 걸 갖고 싶어요.

사랑이 뭔지는 몰라도
마음을 본 적은 없어도
알 수 있어요.
미묘한 느낌으로

아름답게 사랑하고 싶다

말랐던 나뭇가지에 물이 오르고
귀여운 새싹이 움트는 걸 보며
감회에 겨워 눈물짓는 보드란 그대의 마음에
핑크빛 기쁨을 얹어주고 싶다.

심술 맞은 꽃샘바람이 불어와서
여리게 피던 새 잎을 움츠러들게 하는 것을 보면서
코끝에 경련을 일으키며 눈물짓는
그대의 여린 눈가에 어여쁜 행복을 얹어주고 싶다.

마냥 순수한 기쁨으로 밝게 빛나는
그대의 눈동자를 다시 보고 싶다.
솜사탕처럼 여린 그대의 마음에
늘 즐겁게 노래하는 봄 새들의 노랫소리와
여명을 헤치고 해맑게 달려오는
희망찬 태양의 희열의 빛 노래가
가슴에 가득히 차고 넘치게 해주고 싶다.

문득 네 생각에

아무리 보아도 보이지 않는
마음의 눈으로만 보이는
너와 나의 사랑

남남으로 만났으니
더 가까워지고픈
그렇게 쓰고 싶은 구체적 진실

숱한 방황의 순간
그리고 갈등의 순간
순간들을 한데 모아
네 마음에 바치고 싶은 이 마음

내 마음 판에 지워지지 않는 진실로
아로새기고 싶은 너와 나만의 비밀

축복받은 사랑

언제 어디서든
잠깐 생각에 잠기면
이내 내 마음의 빈 곳을 가득 채워서
다른 생각 못하게 하는
너는

내 마음을 넘치도록 채우고 채워
온통 내 가슴을 흔들어대며
울렁거리며 설레게 하는
너는

열기 가득한 회오리바람으로 다가와
황량했던 절반의 내 빈 들을
사랑으로 가득 채워 들뜨게 하는
너는

그런 너를 감추고 살아야만 하는
나는
너는
신으로부터 축복받은 사랑이다.

바다를 닮은 사람을 만나고 싶다

인생의 절반을 산 지금
그 바다 같은 사람 하나 만나고 싶다.

많은 것을 갖고 있으면서
침묵하고 있는 사람
많은 생각을 하고 있으면서
무심한 척하는 사람

언제 그 비밀을 드러낼지 모르는
바다를 닮은 사람

겨울 바다를 닮은
여름 바다를 닮은
봄 바다를 닮은
가을 바다를 닮은

늘 같아만 보이는
그러나 많은 것을 감추고 있는
많은 것을 담고 있는
그런 사람을 만나고 싶다.

그 사람이 너였으면

5월처럼 싱그러운 사람이여!
연초록 잎새 바람 따라 하늘거리면
콧등이 시큰하도록
떠난 그대 그립다.
내 마음 가득 채운 그대
내 사람이여!

운치 있고 분위기 있는 카페에서
찻잔 위로 묘한 파격을 주며 피어오르는
정겨운 김의 그림자 따라
문득 떠오르는 너
이 앞자리에 당장 나타날 사람 그 사람이
너였으면

양옆으로 느티나무 늘어선
호젓한 길을 걷노라면
함께 걷고 싶은 사람도
너였으면

해맑은 햇살도 함께 보고 싶고
고운 산새 노래도 함께 듣고 싶은 사람

산정으로 부는 맛있는 바람의 맛도
함께 맛보고 싶은 사람도
너였으면

온통 내 마음을 차지하고
나를 얽어매는 너
그래도 좋기만 한 이 마음
구속이 아름답다는 걸 가르쳐준 너
마지막 순간에 옆에 있을 이도
너였으면

사랑소리

사랑은
가만히 두드리는
노크소리

소리는 크지 않아도
듣는 이의 가슴에
큰 울림을 주는 부드러운
초인종 소리

사랑은 살포시 열리는
문소리

아무 말 없이 문을 열어
찾아온 이를 바라보는
눈가에 어리는 감미로운
눈물소리

사랑은 은밀히 대답하는
마음소리

아무 말 없어도

서로의 마음을 읽어내며

마음 문이 스르르 열리는

사랑소리

귀여운 여자

비 오는 창에 기대어
울 줄도 아는 여자

하고픈 말 중에 반만 말하고
참을 줄도 아는 여자

조금은 부끄러움도
탈 줄 아는 여자

조금은 아양도
곁들일 줄 아는 여자

무엇이든 조금씩은 남기고
감추고 살 줄 아는 여자

너만 곁에 있으면

언제나 해맑은 미소의 사람
그래서 만나면 늘 반갑고
다른 이보다 더 마음이 가는
너

그래서 좋아
너라고 부르고 싶은
너
함께 늙어가며
그 곱게 늙어가는 모습을
언제나 서로가 바라볼 수 있었으면 싶은……

그래 연인이란 말보단
친구란 말이
어울리는 너

마음은 늘 있으면서
더는 가까울 수 없는 너
그래도 언제나 여기 멈추어 서서
그저 바라봄만으로도
좋은 너

사랑앓이

하잘 데 없이 길을 잃어 헤매는 내가 측은해
몇 발짝 뒤에서 나를 지켜보며
돌이키지 못하는 그대의 눈망울이 고마워
슬퍼진 이 날에 흘린 나의 눈물은
그 눈물은

내 눈에 가득 찬 설움을 지우고
가슴에 웅어리진 아픔을 잊고자
눈을 감고 잠을 불러도 잠은 오지 않고
메마른 내 눈가를 다시 흥건히 적시는 눈물은
내 눈물은

나로 인해 웃음을 간직해야 할 당신에게
웃음 대신 울음을 주고
기쁨 대신 슬픔을 준 날은
가슴이 메어져서
당신 가슴에 얼굴을 묻고 실컷 울고 싶습니다.

이렇게 남은 나의 진실은
단지 눈물만 남았습니다.
그러나 나는 나의 눈물을 그대에게만은

보일 수가 없는 것은

참으로 당신에게 웃음만 주고 싶기 때문에

사랑한다는 말은 감추고 살자

사랑한다는 말은 감추고 살자.
많이도 얘기하고 싶었지.
그 얘기로 너울을 쓰고
너의 손을 잡아
가까이 더 가까이
너의 가슴에 밀착되어
환희의 고동소리 듣고도 싶었지.

사랑한다는 말은 감추고 살자.
너무나 기쁨에 겨워
얼굴 부비며 사랑하던 이들도
곧잘 헤어져 이별을 하더라.

사랑한다는 말은 꼭 한 번 아니 세 번만 하자.
가까이서 서로를 잘 알고 깊이 느낄 때
생명이라도 서로를 위해 바치고 싶을 때
그때 사랑한다 말하자.

너무 가난한 날에 우리 빈 두 몸만 남았을 때
우리는 사랑할 수 있으리
그때 또 사랑한다 말하자.

또 한 번은

서로에게 실망을 느껴 미워져서 갈라서고 싶을 때

아픔 대신 사랑하기 위하여

사랑한다는 말 한 마디는 남기고 살자.

먼 훗날

삶이 시계초침 위에 멎을 때
우리는 무슨 말
바람에게 줄 수가 있나요.

긴 설움이었다고 느껴질 때
우리는 무슨 말
예쁜 말 남길 수 있나요.

먼 훗날
삶이 살짝 메마른 잎사귀에
입맞춤할 때는
우리는 무슨 말
웃으며 말할 수 있나요.

너와 나의 사랑

너는
나의 한 편의 고운 시가 되고
나는
너의 아름다운 소설의 주인공이 되는

너는
나의 향기로운 음악이 되고
나는
너의 영원히 깨기 싫은 꿈속의 왕자가 되는

너는
내 이름을 지어주고
나는 너의 이름을 지어주는
처음처럼 늘 짜릿한 그런 사랑으로……

물망초

풀잎에 맺힌 이슬처럼
맑고 초롱초롱한 순수의 눈빛으로
사랑을 갈구하던 이여.

삶의 작은 계단을 한 계단 두 계단
올라서며
서로의 길이 다르기에
긴 세월을 두고 마음속 일기장에
재회를 약속한 이여.

오늘도
어느 하늘 아래 있는지도 모르는
그대에게로 연심의 추파를 보내는데

바람결에 흔들리는 이슬방울처럼
아스라한 그대의 영상
간절히 두 손 모음으로 기원하는 건
그대여 부대 날 잊지 마오.

나의 모나리자

앞니 두 개가 유난히 토끼 닮아서
웃을 때마다 예뻐 보이는 나의 소녀
비단결 마음이라면 어울리려나.

클레오파트라처럼
코가 오뚝하게 예쁘지는 않은데
영국의 황태자비 다이애나처럼
섹시하지는 않은데

내가 가장 예뻐해 주는
나의 모나리자
시계를 수리하듯 찬찬히 바라보면
과히 곱지도 밉지도 않은데
내게는 가장 소중한 그녀

내 마음에 바늘 끝 틈도 없이 꽉 차 있는
나의 모나리자

널 사랑하는 마음

난 슬퍼도
넌 슬프지 않았으면 좋겠어.

난 외로워도
넌 외롭지 않았으면 좋겠어.

난 그냥……
넌 그냥 늘 행복하기만 했으면 좋겠어.
너의 모든 아픔은
내가 대신 가졌으면 좋겠어.

난 불행해도
너만은 행복했으면 좋겠어.

너의 마음을 내게 준다면

하얀 눈 흩뿌리는 밤은 어젯밤이었지.
오늘 아침 새벽달은 너무도 차가웠더라.
그래도 너는!
조붓한 마음의 문을 열고
한 아름의 별을 세며 다람쥐의 걸음마로
교회를 찾았지.

우리네는 언제부터 슬픔의 씨알을
가슴에 묻었을까!
그 싹은 왜! 갑자기 터져 너를 울게 할까

언제나 웃고 있었지 너는
슬픔은 혼자만이 가질 수 있는 곳에
감춰둔 채로

여럿이 있을 땐 실컷 소리 지르고 웃어젖혔지.
그리고 혼자 걸을 땐 가슴으로 울었지.
그런 너였어.

'아무도 모르는 나만의 슬픔' 이라고
너는 속으로 말했지.

왜 몰랐을까 누구나 그렇게 슬픔을 감추고 사는 걸
너도 슬픔 나도 고민 모두가 혼자란 걸
실상 모두가 혼자인 것을

왜 몰랐을까!
너 그리고 나 모두들은
슬픈 때 괴로운 때 외로운 때 즐거운 때
언제나 가까이 있는 그분을
그분은 언제나 우리네들 아니 네 마음속에 있었지.
왜 부르지 못했었을까
너는 포근하게 잠재워줄 수 있는 사랑하는 그분을

이제야 너는
그분의 이름을 불러주었지.
너는 들었지 그분의 음성을
가난한 마음속에 기쁨이 있고
슬프고 우는 마음에 평화의 위로가 있음을……

우리네의 마음이 그리도 좁지 않다는 걸
왜 몰랐을까 너는
그분의 음성이 너에게 들려질 때

너 그리고 나
모두들의 마음은 변화되었지.

미워하던 사람을 사랑할 수 있고
나보다 가난한 사람을 위해
단벌 외투까지 벗어주고 싶고
길을 묻는 이에게 입으로 부족하여
손 잡아주며 그곳까지
모셔드릴 수 있는 마음도
너는 소유할 수 있다는 것을

너는 언제까지 슬픔인 채 살아선 안 돼.
바람에 나부끼는 잎사귀가 애련하다고
울어도 안 돼.
길은 언제나 외길은 아니야.
행복은 그 길에만 있는 건 더욱 아니지.

가장 행복한 사람은 누구일까
가장 소중한 행복은 가난한 마음으로
열심히 사랑하고 열심히 살아갈 수 있는 마음이지.

다리가 없는 이도
팔이 없는 이도
그들대로 기쁨이 있지.

슬픈 건 잊자 그리고 가슴
구석구석 후벼내서 기쁜 것만 찾아내서
언제나 즐겁게 살자.

희미한 어둠 속에서 높다란 십자가 탑 위로
찬바람 스치더라도 너는 울어선 안 돼.
슬픔은 슬픔으로 깊어만 가는 것
기뻐하면 기쁨이 오는 것
억지로라도 기뻐해야지.

알고 있지 너는
그분의 이름을
세상 모두가 다 너를 떠나갈수록
너의 가장 가까운 곳으로 다가서는 그분을……
너 또한 그분을 소유할 수 있다는 것을

너는 이제 웃어야 되는 거야.
혼자 있건 여럿이 있건 웃어야 되는 거야.

우리가 지금 행복한 것은
사랑할 수 있는 마음이 있다는 것
그분을 우리가 소유할 수 있으니
우리들은 세상에서 가장 행복한 사람들

3
사랑하며 살아가는 사람들을 위하여

사람은 누구나 사랑을 한다. 살아있는 것 자체가 사랑하는 일이다. 아름답다고 여기건 추하다고 여기건 누구나 사랑을 한다. 아무리 부인해도 사랑 없이는 사람은 살 수 없다. 하나의 호흡을 사랑하고 들숨을 사랑하고 날숨을 사랑하여 호흡을 사랑하니 살아간다. 삶의 여러 과정에서 들숨 같은 사랑도 하고, 날숨 같은 사랑도 한다.

나는 사랑한다. 살아있으니 사랑한다. 사랑이 유치하다 해도 나는 그 유치를 사랑한다. 언제까지나 유치한 이 마음이 유지되었으면 좋겠다. 늘 사랑으로 떨림이 있는 매일을 살았으면 좋겠다.

잠자고 있던 감성을 깨워 사랑의 시를 쓰게 한
소중한 사람에게 이 시들을 바칩니다.

소중한 사람

아주 어려운 확률로 만난
그 만남을 소중히 여기면서
알고 싶어요.
그대의 모든 것을

마음 가득히 차올라서
사춘기적 그 마음처럼 두근거리고
설레는 그 마음의 의미를 가늠할 수는 없지만
말하고 싶어요.
나의 모든 것을

서로가 서로를 알아가면서
더러는 신비감이 사라질 테지요.
사랑을 소유로 생각하지 않으면
우리는 늘 좋은 관계로 머물 수 있어요.

생각만 해도 좋아요.
늘 궁금해요.
내 모두를 알게 하고 싶어요.
그대는 내게 참 소중한 사람이에요.

사랑의 길

사랑이 시작되면
아픔도 함께 시작되지만
사랑의 길에는
아름다운 꽃이 피고
가시나무 총총히 길이로 뻗어 오지만

사랑은 늘 사랑의 기쁨과
외로움의 아픔을 동반하지만

늘 하루는 맑은 기분이고
늘 하루는 흐린 기분이어도
이것이 운명이라면 나는 사랑의 길을 갈 테요.

고통도 아픔도 기쁨으로 받아들일 테요.
언제나 너의 목소리,
너의 손길만 내게 있다면

얄미운 사람

산을 닮은 내 사랑
다가간 만큼 저만치 멎고

하늘을 닮은 내 사랑
다가간 만큼 또 물러나고

그래도 만질 듯하여
그래도 잡을 듯하여
다가가지만
다가가면 또 저만치 멎어
오도 가도 못하게 만들어
애만 태우게 하지만

그래도 내 마음 잡아매는
씁쓸하고 달콤한 얄궂은
내 사랑

당신을 알고 싶은 마음뿐

내가 당신을 사랑하는 이유는
당신으로 내 외로움을 접고자 함이 아니라
더 깊은 외로움 속으로 들어가
당신을 알고 싶은 마음 때문입니다.

사랑의 수선

소리 없는 소슬바람에
파르르 떠는 연초록 잎사귀처럼
조금만 건드려도
잔뜩 무르익어 부푼 물봉선화 씨처럼
네 생각만 해도 파닥거리며
떨리는 가슴

아, 너를 향한
고장 난 가슴
수선할 수 있는 이
부드러운 네 손길뿐이니

너와 함께

별들만 가득 모인 하늘
너무 밝은 하늘
너무 맑은 별

장대 높이 들어
휘휘 저으면
후드득 소리 내며
쏟아져 내릴 것 같은 별들 아래

청아한 밤새 노래
해맑은 계곡물 소리
하늘도 들도 산도 축복하는 밤

너와 함께 있을 수만 있다면
여기는 에덴보다 아름다운 낙원이어라.

네잎 클로버

내가 사랑하는 사람은
늘 내 마음을 차지한 사람이에요.

그 사람은 나를 잘 부르지 않아요.
내게 목소리도 잘 보내주지 않아요.
그런데도 난 초록을 만지며 그 사람 그리워해요.

손톱만큼의 작은 모습
말도 없고, 눈웃음도 없는
그냥 똑같은 미소만 남은 그 모습뿐이에요.

함께 있으면 시간은 빨리도 달아나요.
돌아서면 어느덧 그리워 그리워요.
헤어져 있으면 지루하게 만남이 벌써 그리워요.
난 꿈을 꿔요, 그 사람을 만져요.

너의 슬픔을 보면

콧등이 시큰해지는
여린 마음으로
한없이 부드럽게 살고 싶다.

쇠파이프가 아무리 강한들
두드리면 동강나고 마는걸.

물처럼 부드러워져서
동그란 그릇에 담겨
둥글게 되고
세모난 그릇에 담겨
세모로 되고

어느 그릇에나
담기면
담겨지는 대로 잘 어울리는
물처럼 연한 사랑으로 살고 싶다.

유월에 내리는 비

초여름을 알리는 빗방울
유리창 위로 또르르 구르면
문득 솟아나는 그리움

어떤 색깔
어떤 향기로 감싸서 나를 울리나
조팝나무 하얀 꽃처럼
그대 그리움 되어
바람 따라 어디로든 걷고 싶다.

그리움만큼이나
줄기차게 내리며
또로록 소리 내며 유리창을 적시면
빗줄기 따라 흐르는
그대 향한 그리움을 안고
맑은 햇살 되어 응달지고
추운 곳을 찾아나서는
그 마음 되고 싶다.

맑은 바람으로 살고 싶다

어느 누구의 손길도
스치지 않은
투명한 옹달샘처럼
맑은 바람으로 살고 싶다.

작은 티 하나도 싣지 않고
파롬한 잔풀 내음 풍기며 지나는
해맑은 한 송이 들꽃으로 살고 싶다.

사람의 손길 멎은 적 없이
신이 남몰래 지어준
하얀 드레스를 입고 입장하는
눈부시도록 하얀 신부되어
회색빛 하늘 이 도시에 그렇게 남고 싶다.

가슴 깊은 하얀 속살 보이는 신랑을 만나
가을 하늘에 홀로 핀 구름의 축하를 받는
성스런 예식을 치르고
신랑을 기다리는 신혼 초야의 상태로
그대로 멈추는 신부로 남고 싶다.

실오리 하나 흔들리지 않는

작은 바람이 일어도 순결의 그 내음

하얀 신부로

더 오래도록 그렇게 남고 싶다.

국화

봄에 피는 꽃은 화사해서 좋아라.
차가움을 안고 피어나
화려한 웃음은 없어도
살포시 미소 짓는 가을꽃은
순수해서 좋아라.

소담하고 청초한 미소를 담고
겸허한 매무새로 무서리 내리는 들녘에 서서
하얀 향기 풍기는 꽃은
청초해서 더욱 좋아라.

바람도 흐르다 명상에 잠기는
가을 들녘에 서서
파란 하늘을 유영하는 잠자리 날개소리를 들으며
고아하게 이슬을 담아내는 꽃은
내 마음에 담고 있는 여인을 닮아서 좋아라.

장미를 사랑하는 법

아름다운 건 관계없이
그저 스멀거리며 모여들다 떠나고
잠시 날아들었다 사라져도
달라지는 건 없어.

흔적도 상처도 남지 않는데
나를 아프게 하고
찢어지게 하는 건
벌레가 아니고
나비도 아닌 바람이야.

내 가시를 피해
요리조리 들어오는 벌레들은
날 사랑한 게 아니었어.
날 진정 사랑하는 이는
내 가시에 찔려서
빨간 피로 나를 물들게 하는 이였어.

사랑은 가시에 찔린 것처럼 아프고
사랑은 그 아픔의 피로 물든
빨간 슬픔이야.

내가 당신을 사랑하는 이유

내가 당신을 사랑하는 이유는
내가 외로움을 많이 타서가 아닙니다.

내가 당신을 사랑하는 이유는
당신으로
내 마음의 쓸쓸함을 달래기 위함도 아닙니다.

내가 당신을 사랑하는 이유는
당신으로
더한 외로움을 느끼기 위해서입니다.

너는 내 사랑

바람아 불어라.
비야 퍼부어라.

마음에 새긴
너와 나의 보드란 진실이
바람이 분들
비가 내린들
지워지고 잊힐까보냐

너의 이름

아무리 불러도 정겨운 이름
아무리 불러도 계속 불러 보고픈 이름
아무리 들어도 싫지 않은 목소리
너의 목소리

이 세상 모두를 너로
너의 모든 것으로 채우고 싶다.
바라만 보아도 좋은
손으로 전해지는 마음만으로도
너무 좋은

왠지 너무 기뻐
울음이 왈칵 솟을 것만 같은
이 마음

너와 함께하는 시간
시간이 여기서 멈추어버렸으면

너와 나의 평행선

어쩌면 너는 너의 감옥이 있고
나는 나의 감옥이 있어서
서로에게 가까이 못 가서
더 연연하고 그리운 건지도 몰라……

하지만 너를 여는 열쇠는
나
나를 여는 열쇠는
너

내가 너를 열 수 없다면
네가 나를 열 수 없다면

우리 두 개의 감옥을 하나로 합할 수는 없을까
감옥의 문을 통해 우리는 오늘도 서로 마주보며
시답잖은 미소만 남발하고 있으니……

이것이 사랑이라면

너의 목소리는 꼭꼭 숨어버리고,
전에는 그런 일이 없었는데
너에게 무슨 일이라도 생긴 건 아닐까 하는
초조해지고,
두려운 마음은 뭐야.

내가 너를,
내가 너의 슬픔을
대신 할 수 없음이
더욱 마음이 아려오는

나를 짓누르는 압박감
정녕 이것이 사랑이라면

그래도 나는 지금도 너를 사랑하고 있다는 것
너를 사랑하는 일은 가슴을 아리게 하고
아주 외로운 일이기도 해.
하지만 난 너의 영혼을 사랑하고 있는 거야.

아무리 괴롭고, 외롭고, 아프고, 슬퍼도,
난 이 사랑을 후회하지 않을 거야.

이 사랑은 내게는 마지막 사랑일 거고,

너는 나의 마지막 사랑이기에 그만큼 소중한 거야.

너를 향한 나의 노래

소리 없는 울림으로 다가와
내게 깨질 듯 투명한 아픔을 주는
너는

내 메마른 가슴에 해맑은 이슬이 되어
내 잠든 사랑의 생명을 깨워
내 눈물샘을 두드려 내 마음을 젖게 하는
너는

너무 멀면 멀리 있어서 그립고
너무 가까이 있으면 하나 되지 못하는
슬픔으로 마음 아리게 만드는
너는

너의 다감한 손 만질 수 없어도
그냥 젖은 눈 볼 수만 있어도 좋을 것 같이
내 마음을 적시며 깊이 파고드는
너는

목소리 들을 수 없어도
너의 온기를 느낄 수 있으리란

그 낮은 가능성만으로도 좋기만 한
내 마음은

그래 이 마음은
너를 향한 사랑의 울림이야.

너의 전부를 가질 수 없어도
너의 마음의 아주 작은 부분에라도
내 모습이 있을 곳 있다면
마냥 좋을 듯싶은 이 마음은

내 마음을 움켜쥐고 놓아주지 않는
너는
그런 너에게 가까이 갈 수 없어 애태우는
나는
너와 나는 어느 길목에서 하나로 설까

말은 없어도

1

말은 하지 말아요.

아무 말 없어도

당신의 손을 맞잡으면 나는 느껴요.

당신의 마음을

나는 느껴요.

당신의 언어를

손으로 전해지는

당신의 마음의 언어를

말은 하지 말아요.

말은 꾸며내어 할 수 있어요.

말은 없어도

난 당신의 언어를 들어요.

당신의 손으로 느껴지는

진실한 당신의 사랑의 언어를

2

당신의 따사로운 손으로 흐르는

당신의 마음을 난 읽어요.
말로는 속일 수 있어요.
하지만 손으로 흐르는 당신의 언어는
진실밖에는 전하지 못해요.

소중한 사랑의 언어가
흐르는 당신의 손을
맞잡는 것으로는 너무 아쉬워요.

내 두 손이 당신의 손을 잡는 건
그 언어의 영원을 위해서예요.

3
말은 하지 말아요.
난 당신의 손으로 전해지는
진실한 당신의 사랑을 느껴요.

말은 하지 말아요.
당신의 사랑의 언어를 들어요.
진실한 침묵은 말보다
더 아름다운걸요.

아름다운 사람

너의 목소리만 들어도
벌써 설레는 이 마음은
너의 목소리 너의 손짓
너의 행위 하나하나가
마냥 좋기만 한 내 마음
그래 넌 나의 소중한 사람

너를 보면
너 외에는 아무도 안 보이고
너만이 아름다운 건
너는 내 마음에 있었던 거야.

너를 사랑하는 마음
사랑하는 마음으로 보는 사람
그 사람이 진정 아름다운 거야.

깊을수록 사랑은

돌아설 수는 없는데
보내줄 수도 없는데
너 가는 길에 내가 있어서
너의 고운 길 막고나 있는지

돌아서야 한다면
보내야만 한다면

우리 사랑은 아름다운데
서로가 너무도 사랑하는데
깊어지면 깊어질수록 사랑은 기쁜걸.

이룰 수 없는 우리 사랑
깊을수록 더 아파오는
우리 사랑

4
이별에 아파하는 사람들을 위하여

돌고 도는 인생의 장터에서 스쳐 지나는 사람, 오래 머물러 만나는 사람, 가슴을 조이게 하며 마냥 설렘을 주는 사람, 차미 잊을 수 없도록 내 가슴깊이 박혀 있는 사람, 어느 한 사람인들 소중하지 않은 사람이 어디 있으랴. 그럼에도 그들과 헤어지는 일은 마음이 아리도록 아프다.
누군가는 세월이 약이라고 하드만, 이토록 미어져 오는 아픔을 어찌 위로할 수 있을까. 하지만 잊는 일도, 이별하는 일도 사랑의 한 부분이라면 기쁘지는 않더라도 아픔의 상처를 남기지 않고 살며시 미소 지으며 돌아설 터이다. 그 헤어짐들을 더는 아픔의 상처가 아니라 그저 아팠던 흔적으로만 남기련다. 헤어짐의 길에서 기억을 추억으로 만드는 연습, 아픔이 아니라 고운 만남으로, 아름다운 흔적으로만 그를 품고 아림을 기쁨으로 바꾸어 살 일이다.

이별의 가슴앓이에 슬퍼하는 사람들에게 이 시들을 바칩니다.

사랑니

네가 떠난 오늘 하늘이 유난히 파랗다.
한 번도 남으로 여긴 적 없는
33년
네가 떠난 거리에서 유쾌한 콧노래를 부른다.

끝내 아리고 슬픈 고통을 남긴
뻥 뚫린 너의 흔적
세월이 흐른들 채워질 리 없어도

너를 잊는 일은 빙수처럼 시원하다.
너는 나에게 사랑받을 자격이 없었고,
너는 나의 사랑이 아니었음을 지금 알았다.

그래도 너만은
그래도 너만은
나의 사랑니가 아니었으면 했는데……

이별 다짐

사랑은 울음으로 시작하겠습니다.
그러나 이별은 웃어 보이겠습니다.

사랑은 주어서만도 안 되고
받아서만도 안 되는 것이니까
사랑은 눈물입니다.

사랑은 혼자서 주려다가
울면서 멎고
이별은 함께 돌아서기에
웃어야 합니다.

혼자 하는 일은 괴롭습니다.
사람이 사람을 사랑한다는 일은 슬픕니다.
그 요상한 사람의 마음을 어찌 압니까.
그래서 사랑은 슬픈 거지요.

이별에서는 웃어줍시다.
이별은 어차피 자유 찾아 길 떠나는 것이고
사랑은 비로소 매이러 시작되는 것이려니.

짧은 만남 긴 이별

당신이 웃기에
나도 웃어주었습니다.
그때는 우리가
즐겁게 만난 줄 알았습니다.

한 마디 부름뿐으로
뒷걸음으로 멀어진 우리는
서로의 가슴을 읽었습니다.

그 숨긴 바라봄으로
어쩜 울을 뻔했습니다.

돌아서면서 그래도
웃어드려야 했는데
웃음보다는 왈칵 울음이 나올 뻔했습니다.

당신을 두고
계단을 내려올 땐
뭉클한 내 가슴은 당신을 잊기 싫었습니다.

그냥 당신이 웃기에

나도 웃어주었을 뿐입니다.

사랑은 작은 미움입니다

가을비 내리는 날이면
얄궂은 그대 빗물 되어
유리창으로 흘러내려서
빗물 흐르는 창가에 앉아
그리움을 셈합니다.

살포시 머리 젖혀
머리카락 늘어내려
작게 웃는 눈웃음이 너무 예뻐
조심스레 다가가 보면
이슬이라도 젖은 듯하던 그대 얼굴
아직 가슴 깊이 남아 있습니다.

비만 내리면 빗줄기로 내려와
다시 떠오르게 하는 그대

다시 연인일 수 없게
뒷모습 보이며 떠나간 그대
미워하려면 미워할수록
가슴 저리게 그리운 이여.

떠나도 예쁘게

내 마음 자리에 남는 그대는

언제까지고

마음속에 감춰두고 사랑해야 하는 그대는

가장 작은 미움입니다.

비 오는 아침

또그르르
또그르르
유리창을 두드리며 추억을 깨우면
문득 솟는 그리움으로
내 마음이 젖는다.
내 마음이 눈물 없는 울음을 운다.

조금씩 적시는 듯 물기만 남기며
그리움을 굴리며 떨어지는
빗방울 수만큼 아린 추억도 함께 구른다.

살아온 날만큼의 추억을
만나온 사람들만큼의 그리움을
언제쯤 어느 나이가 될 즈음이면
소탈하고 사람 좋은 미소로 품고 살 수 있을까.

내 젖은 마음이 비를 울리고
젖어드는 유리창은 나를 적시고……
그리움인지 추억인지 비가 되어 내린다.

그리움 1

그리움 쌓이는 만큼
사랑도 따라 깊어지고
그윽해지는 사랑만큼
그리움도 깊어라.

정다운 이름
생각만 하면
눈가를 젖게 하는
이름 하나

이 얼마나 친근한 부름인가
세상 그 어떤 사랑보다 더 진하게 느껴지는
이 느낌

콩 한쪽이야 작으니 나누기 쉽다만
내 인생 절반이라도 쪼개어주고픈 데
그리 못하는 가슴 아린 날
문득 시큰한 콧등을 덮으며
나를 먹먹하게 만드는
너의 이름
내 사 랑……

노을에 비친 그리움

하늘이 탄다.
빨갛게 달아오른다.
하늘 한 쪽 모퉁이가 예쁘게 물들고 있다.

그 하늘 바라보며
예쁜 눈망울의 소녀를 향한 이 마음
다시 못 볼 슬픈 이별을 위한
애절한 나의 기도는 노을을 물들인다.

하늘이 탄다.
임을 먼저 보낸 하늘이
말없이
슬픈 고백을 태운다.

이별은 슬픈 노래
하늘은 예쁜 노래
내 마음의 뜨거운 고백으로도
애타는 두 손 모음으로도
가는 것일랑은 잡을 수가 없으니

노을 따라 내 마음도 곱게 물들고

내 마음에 비친 노을빛 연가는

내 입가로 번지고

내 진한 그리움은 노을에 비쳐 곱게 물들어 간다.

촛불

그 언제부턴가 연연히 이어져 기다림의 모습으로
애련한 싯줄을 자아내는 여인이다.
스스로 사멸하는 고통을 겪으면서도
끝내 불 켜고 달려드는 낭군을
애타게 기다려야만 하는 숙명이다.

뜨거운 열기 속에
온몸이 고통으로 작아지도록 아픔이 와도
끝내 밤을 기다리며 불씨를 기다리는
여인의 심사를 어린 나는 아직은 모르겠다.

가느다란 생명이 다하기까지 밤이 되면 타오르고
아침이 되면 잠을 청하고 벗은 몸 다 태워
생명이 다하고야 스스로 사멸하여
한 줌의 재로도 말고
눈물 자욱 그득한 고결한 하얀 수정체를 쌓아놓고
죽음으로 기도드리는 여인이다.

너의 빨간 목도리

너의 눈빛을 보면
너도 날 좋아하는 것 같아
망설이다
망설이다
아꼈던 말 털어내어 고백하던 날

오해라며
부담스럽다며
나를 여기 못 박아 놓고
서슴없이 돌아서 가는
너의 등 뒤로
너의 빨간 목도리가 펄럭일 때,
떨어지지 않는 나의 시선

멍.........

겨울 숲의 노래

사랑의 얘기는 말아라.
그 얘기를 하기에 아직은 어리다.
차가운 얼음판을 맨발로 서고
맨 무릎으로 기어보라.

찬바람에 시달려
발갛다 못해 푸르게 변해가는 그대 손가락이
그대의 아픔이듯
겨울을 떨고선 집 없는 아이의
아린 마음을 넘어
그대 사랑의 얘기를 말하라.

아직은 이르다.
사랑의 고백은 말아라.
바스러져 바람에 기대어 구르다
강물에 얽혀 함께 얼어버린 나뭇잎의
절규를 넘어
그대 예쁜 손가락을 깨물어
빨갛게 맑은 핏물로 사랑의 싯줄을 그으며
그대 사랑의 고백을 말하라.

아직은 어리다.
사랑의 얘기는 말아라.

비 오는 날의 연가

그다지 크지 않은 내 몸이야
우산으로 비를 막아 젖지 않을 수 있는데
외로운 이 마음이야 너무 커서
비에 젖어도 내 마음 가려줄 우산이 없네.

비는 위에서 내려 들을 적시는데
속절없이 젖어드는 내 마음이야.
속울음으로 젖어드는 내 마음이야.

이렇게 후줄근하게 내리는 빗속을
우산을 받쳐 들고 혼자 걸으면
내 마음에 내리는 비를 막아주고
이 마음 보듬어 안아줄
네 우산이 그립다.

그리움 2

물오른 나뭇가지에
매달린 꽃망울이
새 날을 노래하는 날
해밝은 눈웃음으로
그대는 한결 그리움 되었습니다.

하늬바람 불어와
버들개지 끝에 머물러
도란도란 버들개지 피우던 날
그대는 나의 사랑되었습니다.

높새바람 불어오면
갈대숲은 물결로 일렁이고
가을 숲에 머물러 수런거리던 저녁
그대는 나의 이별되었습니다.

비와 그리움 사이

비 비 비
비가 주룩주룩 내리는 날은
내 마음도 비를 닮아
그리움을 앓는다.

빗방울 사이사이로
빗방울 수만큼
네 얼굴이 어린다.

비와 그리움 사이로
비는 말을 잃고
내 마음은 비를 적신다.

오늘처럼 비 내리는 날이면
내 마음에서도
향수를 닮은 아련한 비 냄새가 난다.

빗방울 사이로
어리는 너의 얼굴
얼굴들

너는 내 향수를 자극하는
고향의 찔레꽃이다.

비를 맞으며

비 비 비
비 비 비
비 비 비

비가 내려요.
주룩주룩 비가 내려요.

문득 그리워요.
하나의 우산으로도
둘이 걸어도 넉넉할 것 같은
이 마음

마음 깊은 곳에 숨어 있던 슬픔이
기지개를 켜며 깨어나
괴롭히면

여럿이 있어도 외롭고
혼자 있어도 외로운
내 마음을 적시며 비가 내려요.

비는 외로움을 적시고

외로움은 나를 적시고

젖고 또 젖는데

비는 종일 나를 적시며 내려요.

겨울바다

겨울바다에 바람이 불고 있다.
곱게 빗은 머리칼은
하늘을 향해 날리우고
때 묻은 몸을 물속에 잠기고 싶다.

태양은 여전히 물속에 잠겨 있어도
손끝을 건드리는 물결은 차다.

겨울바닷가 모래밭 위에
너의 이름과 함께 사랑이란 단어를 쓴다.

바람결에 실려 가고
물결에 씻기고 마는 너의 이름
마음속에 아로새긴 얼굴
너의 이름은 여전히 남아 있는데

여전히
다시 겨울바다에도 바람은 분다.

노을

이별이 서러운 자리에는
사랑으로 승화되어 꽃이 되었다.

마음이 너무 메어져서
울음이 솟구치는 날이 아니면
서편하늘 한쪽 끝에서 곱다란 꽃이 되었다.

그건 언제나 기쁨인 줄 알았다.
어제의 노을이
오늘의 노을이
또 내일에 필 노을이
마냥 같은 것인 줄 알았다.

마냥 곱게만 느껴지던 노을이
슬픔인지 감격인지 모르게
콧등이 시큰해지며
울고 싶은 지금에야
노을이 슬퍼하는 마음을 알겠다.

비 갠 아침

어제는 종일 비가 내리고
파랗게 깨어질 듯 비 갠 아침
문득 보고 싶어지는 사람
너

아침 햇살은 너의 맑은 눈동자를 닮았다.
너의 맑은 호수에 잠길 수만 있다면
네 눈동자에 잠겨 꿈꾸고 싶다.
천년보다 더 긴 꿈을

장미넝쿨
초록 잎새에 맺힌 해맑은 이슬은
네 눈가에 어린 투명한 이슬을 닮았다.

햇살이 깨질 듯 내리는 이 아침은
네 생각으로
내 마음도 쨍하고 깨질 것만 같은
그래서 울음이 솟구칠 것만 같다.

깨질듯 파랗게
얼어버린 하늘을 보면

어깨를 들썩이며 울고 싶어지는 건
아직 떠난 너를 잊지 못함이다.
너를 닮은 이 아침은 아직 아름답다.

삶

1
나뭇잎 사이로 가을이 보인다.
채 느끼지 못하는 사이에
여름은 가고
가을이 문득 다가선다.

시간이 흐른다고
금세 달라지는 것은 없어도
달라졌는데도
느끼지 못하는 채로

얼핏얼핏 보이는 가을의 느낌은
흘러버린 시간에 대한 서글픔으로 남는다.

어제의 나는
오늘의 나는
집을 떠났다가
집으로 돌아오고
연속되는 반복이 쌓여……

사춘기인 듯 낭만을 찾아 헤매지만

어느덧 물씬 묻어나는 나의 어른냄새에
콧등이 아려오는 슬픔을 느낀다.

2
무지의 땅을 딛고 사는 설움이 미워서
한 주먹이 모자라 두 주먹 움켜쥐고서라도
이를 악물고 입술 깨물며 많은 지식을 얻고 싶었다.

많이 알수록
혼자되는 슬픔과
홀로 남는 고독으로
더 우는 날이 많았다.

홀로 사는 일이 외로워서
많은 사람을 알고 느끼고 싶었다.
많은 사람을 알고, 느끼고, 사귈수록
더욱 너 외로운 혼자되는 쓸쓸함만 더하다.

가슴이 메어지도록 사랑이 그립다.
사랑을 느낄수록 더욱 더 아파오는 고통
사람의 소음이 적은

사람의 내음이 없는
황무한 땅으로 떠나고 싶어진다.

그리움 3

먼 하늘에서 내려
차마 멀리 흐르지 못하고
굳은 흙을 부드럽게 하며
스멀스멀 스며드는 빗물처럼

먼 날 돌아보며
애련한 가슴으로 멈추어 서서
가슴에 젖어드는 사념들
그건 너의 이름 그리움이다.

사랑할 그대가 있는 사람은
더 잘 사랑하기 위해
그 사랑을 간직하려 가을을 앓는다.

사랑할 그대가 없는 사람은
계절의 언저리에서 쓸쓸한 바람을 느끼며
그리움을 앓는다.

너, 그리움이란 이름의 너는
고요한 호수의 수면 아래서 유영하는
물고기의 우수 어린 노스탤지어이다.

슬퍼하지 말아요

슬퍼하지 말아요.
속 슬픔은 그냥
깊은 곳에 감춰두고
그냥 웃어 보아요.

속 슬픔은 속 슬픔으로
가슴 하나로 울고
얼굴로는 웃어요.

가슴앓이 속앓이는 혼자만
혼자서 슬퍼하세요.

속울음 삼키며
겉 미소는 잊지 마세요.